Dieses Buch gehört:

Ela Sophia Goral

# Ein Geheimnis im Wald

Das ist aber heute ein schöner Morgen! Die Sonne blinzelt durch das Fenster und malt leuchtende Punkte auf Lenas Bettdecke. Fröhlich steht Lena auf. An so einem herrlichen Tag muss man ganz einfach gut gelaunt sein. Während sie sich ihr Frühstück gut schmecken lässt, beschließt sie, einen ausgiebigen Spaziergang in den nahen Wald zu machen.
Schon auf dem Weg dorthin sieht sie die schönsten Blumen und Schmetterlinge und Vögel tummeln sich in der Luft.
Und diese Luft hier!
Lena fühlt sich so richtig wohl.

Lena geht tiefer in den Wald hinein. Der Weg wird von riesigen Bäumen gesäumt. Aber auch große Büsche gibt es hier. Hopp, ein Hase huscht durch das Unterholz. In den Ästen wiegen sich einige Vögel. Und da und dort raschelt es im Laub. Vielleicht Mäuse? Langsam wird es dunkler im Wald, nur im Hintergrund sieht Lena noch das helle Licht der Sonne. Ihre Schritte werden langsamer. Geheimnisvolle Geräusche dringen an ihr Ohr. Da sieht sie ein kleines Haus zwischen den Bäumen. Ob hier jemand wohnt?

Lena kann nicht widerstehen, sie muss sich das Haus genauer ansehen. Lena pocht an der Tür. Nichts, kein Laut. Vorsichtig öffnet sie. Ui, die Holztür knarrt aber! Lena späht vorsichtig in den Raum. Es sieht aber sehr gemütlich aus hier drinnen. Der Wohnraum ist hübsch eingerichtet. Eine Treppe führt nach oben. Ob sich Lena auch noch dort hinauf wagt? Aber wer mag hier wohnen? Plötzlich hört Lena polternde Geräusche und eine Stimme. Nichts wie weg! Lena saust wie der Blitz zurück in den Wald.

Hinter einem dicken Baum
bleibt sie erst einmal
stehen und holt tief Luft.
Das ist ja gerade noch
einmal gut gegangen!
Aber erschrocken ist Lena trotzdem.

    Wäre sie doch nur nicht so neugierig gewesen!
Die gute Laune lässt sie sich aber trotzdem nicht
verderben.

    Ein kleiner Hase schaut sie listig an.
Ob er Lena mehr von diesem geheimnisvollen Haus
verraten könnte? Na, ich weiß nicht. Außerdem
müssen ja nicht alle Geheimnisse gelüftet werden.

    Sonst könnte man ja keine
Luftschlösser voller Träume bauen.

# Der Suppendieb

Ja, wer singt denn da so schön in der Küche?
Und das schon am frühen Vormittag!
Birgit steht am Ofen und kocht.

Heute gibt es eine leckere Gemüsesuppe und die muss gut vorbereitet werden. Aus dem Garten hat sie schon das Gemüse geholt und gewaschen. Nach einem alten Geheimrezept ihrer Großmutter geht Birgit nun ans Werk.

Während sie alles fein säuberlich schneidet, summt sie vor sich hin. So, jetzt noch alles in den Topf hinein, Kräuter hinzu und umrühren. Da bekommt sie gleich selbst Appetit!

Aber noch ist die Köstlichkeit ja nicht fertig. Während die Suppe vor sich hin kocht, macht Birgit alles sauber. Den Einkauf muss sie auch noch erledigen. Aber bis zum Mittagessen ist ja noch Zeit. Bevor sie das Haus verlässt, nimmt sie den Suppentopf vom Feuer. Der Tisch wird auch noch rasch gedeckt. Nun aber los! Sie schnappt sich noch den Korb und ihre Einkaufsliste und dann macht sie sich auf den Weg zum Laden. Nur: In der Eile hat sie das Haustor nicht verschlossen! Wenn es da mal nicht ungebetene Gäste gibt!

 **Und tatsächlich!**

Während Birgit ahnungslos zum Einkaufen geht, nähert sich plötzlich eine Bärenfamilie ihrem Haus. Vater Bär, Mutter Bär und ein kleines tapsiges Bärenkind kommen auf ihrem Spaziergang an Birgits Haus vorbei.

Dem kleinen Bären gefällt das hübsche Haus. Von seiner Neugier gepackt, stapft er darauf zu. Ein Menschenhaus? Noch nie hat er so etwas gesehen. Und drinnen war er erst recht noch nicht. Das muss er doch gleich einmal näher betrachten.

Die Bäreneltern haben Mühe, ihren Kleinen zurückzuhalten.

So, jetzt ist er erst mal drin. Hm, hier duftet es aber herrlich! Das Bärenkind schnuppert und entdeckt die dampfende Gemüsesuppe. Sorgenvoll blickt sich sein Vater um. Wenn jetzt nur ja keine Menschen auftauchen! Schon macht sich der Kleine über die Suppe her. „Aber Junge, iss doch nicht alles auf!" Die Bärenmutter ist ratlos. Was soll ich noch sagen? Als Birgit nach Hause kommt, ist der Suppentopf fast leer und ein paar eigenartige Fußspuren findet sie auf dem Boden. Und nur ihr wisst, was hier eigentlich passiert ist.

# Arme, kleine Patientin

Oh weh, eben noch schlummerte Jasmin ganz friedlich. Kerngesund war sie zu Bett gegangen. Aber jetzt, nach dem Aufstehen fühlt sie sich krank.

Der Hals schmerzt und sie muss dauernd niesen. Arme Jasmin! Fieber dürfte sie auch noch haben! All ihre Spielsachen liegen traurig am Boden verstreut. Heute ist niemand da, um sich mit ihnen zu beschäftigen. Noch am Vormittag ruft Jasmins Mutti ihren Hausarzt an. Bald wird er vorbeikommen und Jasmin untersuchen. Bis dahin versucht sie noch etwas zu schlafen.

Ihren Spielkameraden fehlt Jasmin natürlich auch. Sonst ist sie schon längst im Freien und tollt mit ihnen herum. Selbst unter den Tieren hat Jasmin viele Freunde. Besonders ein kleines Bärenkind hängt an Jasmin. Dass Jasmin heute krank ist, spricht sich rasch herum. Und so dauert es nicht lange, bis sie ihren ersten Krankenbesuch erhält. Vorsichtig schauen Jasmins Freunde in ihr Zimmer. Aber Jasmin schläft tief und fest. Na, dann kommen sie eben später noch einmal. Aber dann mit einer tollen Überraschung, ist doch klar!

Das Bärenkind hat eine Menge Ideen, wie sie das kranke Mädchen aufmuntern könnte. Sie backen Honigkuchen. Bären wissen natürlich, wo man den besten Honig dafür findet. Sie basteln eine lustige Puppe.

Und auch ein toller Blumenstrauß darf nicht fehlen. Garniert mit ein paar Sonnenstrahlen ist er genau richtig für Jasmin. Wenn sie dank dieser Geschenke nicht gesund wird, na dann weiß ich es auch nicht.
Am Krankenbett staunt Jasmin nicht schlecht über die liebevoll gestalteten Geschenke ihrer Freunde.

Es dauert auch nicht lange, da ist Jasmin wieder ganz gesund. Sie musste zwar auch ein wenig Medizin nehmen, aber dafür ist sie jetzt wieder ganz das lustige Mädchen, wie noch vor ein paar Tagen. Als Jasmin heute Morgen aufwacht, geht es ihr wieder ausgezeichnet.

Rasch wäscht sie sich und zieht sich an. Das Frühstück schmeckt ihr ganz ausgezeichnet. Der Appetit ist also zum Glück auch wieder zurückgekehrt. Jetzt aber nichts wie hinaus in den Garten, wo ihre treuen Freunde sicherlich auf sie warten.

# Ein Babysitter für Tommi

An einem dicken Baumstamm geheftet war er. Ein großer Zettel, auf dem geschrieben stand, dass die Bärenfamilie einen Babysitter für den kleinen Tommi suchen würde.
Bei einem Spaziergang hat Caro diesen Zettel entdeckt. Na ja, ein bisschen Taschengeld kann nie schaden. Kurzerhand stellt sie sich bei Familie Bär vor. Mama Bär ist besonders nett und bei Kakao und Keksen plaudern sie gleich über Caros Aufgaben. Tommi scheint ein lieber ruhiger Junge zu sein. Da ist das Taschengeld ja leicht verdient.

An ihrem ersten Nachmittag mit Tommi läuft noch alles gut. Während Mama Bär im Wald Vorräte für den Winter sammelt, spielt Caro im Bärenhaus mit Tommi. Zuerst mit der Eisenbahn, dann mit den Bausteinen.

Plötzlich wird aus dem lieben ruhigen Kerl ein richtiger Schelm. Mal versteckt er Caros Schuh, dann wieder klettert er im Eilzugstempo auf den Schrank. Caro seufzt. Zum Glück kommt Tommis Mama gerade heim und dann spielen sie noch gemeinsam. Ganz brav und friedlich sieht der Junge auf einmal wieder aus.

Als Caro das nächste Mal Babysitten kommt, ist es ein herrlicher Tag. Caro und Tommi spielen heute im Freien. Sie spielen Verstecken hinter den großen Bäumen. Auch einen bunten Ball hat Tommi mitgenommen.

Rasch ist ein Tor zwischen zwei Pilzen aufgebaut und dann wird Fußball gespielt. Plötzlich ein Klirren und Krachen! Au weia, Tommi hat mit dem Ball ein Fenster des Bärenhauses eingeworfen!

Auch Caro fühlt sich mitschuldig. Hätte sie doch nur besser auf Tommi aufgepasst! So ein Wildfang aber auch!

Zuerst ist Mama Bär auch wirklich wütend.
Vor allem aber blickt sie Caro so vorwurfsvoll an.
Dabei hat doch der kleine Bär das Fenster kaputt
gemacht. Aber der schlägt seine braunen Augen auf
und seine Mama ist wieder versöhnt.
Bei Kakao und Süßigkeiten, überlegt Caro
hin und her. Eigentlich hat sie gedacht,
dass Babysitten leicht verdientes Geld sei.
Aber leider, leider. Den kleinen Tommi zu hüten,
ist gar nicht so einfach. Ich glaube Caro,
du musst dir einen
anderen Nebenjob suchen.

# Abschied nehmen tut weh!

War das eine schöne Zeit! Die letzten Wochen hat Roswitha bei ihren Freunden im Bärenhaus gewohnt. Die Bärenmama war etwas krank und Roswitha half gerne. Im Haushalt war wie immer viel zu tun, die Arbeit musste erledigt werden. Und da war ja auch noch Nico! Der kleine Bärenjunge

war ständig unterwegs und zu Schabernack aufgelegt. Da musste sich doch jemand um ihn kümmern, wenn die Mutter krank und der Vater bei der Arbeit im Wald war. Schweren Herzens nehmen alle Abschied von Roswitha.

Die Bärenmama hat sich zum Glück wieder gut erholt, so kann Roswitha getrost in ihr Dorf zurück. Natürlich verspricht sie Nico, ihn bald wieder zu besuchen. Damit er nicht zu traurig wird, erzählt sie ihm, was sie mit ihm alles unternehmen wird. Zuerst kullern ein paar Bärentränen über sein pelziges Gesicht. Aber dann sieht Nico ein, dass Roswitha zu den Menschen zurückkehren muss. Jedes Lebewesen hat sein bestimmtes Zuhause. Lange noch sieht er Roswitha nach.
Aber er freut sich auf das Wiedersehen.

# Urlaub auf dem Bauernhof

In diesem Jahr fällt den Kindern die Wahl gar nicht schwer, wo sie ihre Ferien verbringen wollen. Obwohl die Geschwister sonst oft nicht einer Meinung sind, herrscht diesmal absolute Einigkeit. Ein Bauernhof in den Bergen ist für sie das Größte. Also packen sie in ihren Urlaubskoffer auch noch Gummistiefel und alte Jeans, denn dass sie bei der Arbeit mithelfen wollen, ist beschlossene Sache. Am ersten Urlaubstag ist Ulla zuerst wach. Sie begrüßt die Tiere vor ihrem Fenster und erfreut sich an den Blumen.

Ein stolzer Hahn sitzt vor Georgs Fenster und schmettert sein Kikeriki. Noch etwas verschlafen reckt sich Georg. He, da scheint ja schon die Sonne. Jetzt aber nichts wie raus aus den Federn! Georg zieht sich an und läuft hinunter zum Frühstück. Im Urlaub haben die Kinder immer viel mehr Appetit als zu Hause. Sie lassen sich Kakao und Brötchen gut schmecken und erkundigen sich gleich, wo sie mithelfen können. Die Bauernfamilie freut sich, dass die Kinder aus der Stadt so begeistert sind vom Leben auf dem Land.

Zuerst geht es zu den Kaninchenställen. Von der Bäuerin haben die Kinder einen Korb mit Rüben bekommen, die sie an die wuscheligen Kaninchen verfüttern sollen. Zugern würden Ulla und Georg die Kaninchen streicheln, sie sehen so weich aus. Vorsichtig öffnet Ulla eine Käfigtür.

      Und was glaubst du, geht jetzt los? Wie der Blitz sausen die Tiere an den Kindern vorbei. Hopp, hopp, geht es im Zickzack aus dem Stall hinaus auf den Hof. Eines kann Georg fangen, aber was nun? Und wie wird Ulla die restlichen Hasen einfangen?

Na, der Urlaub fängt ja schon gut an. Aber zum Glück ist ihnen die Bäuerin nicht böse und gemeinsam gehen sie auf Hasenjagd.
Im Hühnerstall geht es da schon ruhiger zu.
Ulla und Georg dürfen die Hühnereier aus den Nestern nehmen. Vorsichtig legen sie die Eier in den Korb. Dass ihnen nur nicht schon wieder ein Missgeschick passiert! Eines der Hühner guckt Georg ein bisschen seltsam an. Wer stiehlt denn hier die Hühnereier? Ob der restliche Urlaub auch so turbulent wird, wie der erste Tag?
Na dann gute Erholung!

# Ein lustiges Hundeleben

Rudi ist rundum richtig glücklich. So glücklich, wie ein Hund eben nur sein kann. Er hat sozusagen das große Los gezogen. Im Gegensatz zu vielen anderen Vierbeinern kann Rudi auf einem Bauernhof leben. Die Familie ist wirklich nett, da kann man nichts sagen. Obwohl er schon so manche Wurst aus der Küche stibitzt hat und dem Bauern seinen besten Gummistiefel zernagt hat, mögen sie Rudi sehr. Er bringt so richtig Leben in das ruhige Bauernhaus. Früher machten nur die Kinder Radau, aber jetzt? Na hör gut zu.

Unlängst ist Rudi mit von der Partie, als das Stroh eingefahren werden muss. Die Kinder arbeiten brav mit. Sorgfältig häufen sie das Stroh auf. Rudi schnuppert. Eine Maus! Mit der Nase am Boden pirscht er über das Feld. Und dann geht es blitzschnell. Was die Kinder an Stroh mühevoll zusammen getragen haben, fliegt gerade in hohem Bogen wieder in alle Richtungen davon. Rudi mittendrin. Er muss diese Maus finden! Natürlich wird er dafür bestraft. Aber wer kann diesen treuen braunen Hundeaugen lange böse sein.

Aber als Hütehund ist Rudi eine Wucht. Heute gleich nach dem Frühstück treibt er mit den Bauernkindern die Schafe aus ihrem Stall auf die Weide. Ob er die weißen Fellbündel wohl ein bisschen in den Schwanz kneift? Oder so zum Spaß mal durch eine Pfütze laufen? Dann wären die Schafe nicht mehr so langweilig weiß, sondern hätten ein paar Farbtupfer. Aber heute ist Rudi lieber brav und hilft dort, wo es seine Pflicht ist. Ist doch besser, sonst verspielt er noch seinen warmen Schlafplatz in der gemütlichen Hundehütte.

Warst du schon einmal angeln? Die Kinder am Bauernhof lieben das. Hinter dem Haus liegt ein Fischteich, dort können sie ihr Anglerglück versuchen. Interessiert schaut Rudi zu. Da! Schon zappelt ein Fisch an der Angel! Rudi leckt sich die Schnauze. So eine kleine Abwechslung auf dem Speiseplan wäre gar nicht mal schlecht. Hoffentlich passen die Kinder auf ihren Fang auf. Rudi hält seine Nase an den Eimer. Iiih, riecht das nach Fisch hier! Nichts wie weg! Jetzt muss sich Rudi erst mal zurückziehen. Aber nur kurz!

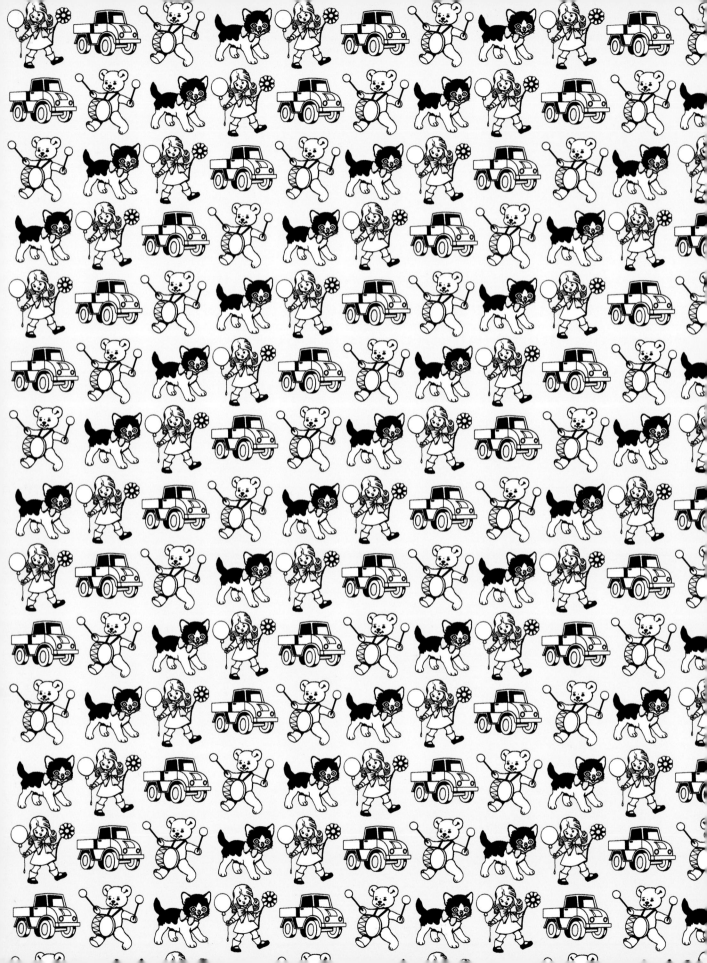